NOTICE GÉNÉALOGIQUE

SUR LA FAMILLE

PIGAULT DE BEAUPRÉ

(BRETAGNE ET ARTOIS)

1916

PIGAULT DE BEAUPRÉ

(BRETAGNE ET ARTOIS)

NOTICE GÉNÉALOGIQUE

SUR LA FAMILLE

PIGAULT DE BEAUPRÉ

(BRETAGNE ET ARTOIS)

1916

I. — Origine de la famille, ancienneté de sa noblesse, armoiries.

La famille Pigault, dont le nom se trouve aussi ortho-
graphié Pigeault dans quelques anciens documents, est
originaire de la Bretagne, où elle résidait antérieurement
à l'année 1500, où elle a possédé les fiefs de la Mélatière, de la Chaumeraie, du Lignon, du Chatel, etc., et
où elle a été maintenue par plusieurs arrêts des
Chambres de Réformation dans sa noblesse d'extraction
et de temps immémorial.

En 1558, un Pigault ayant quitté la Bretagne s'établit
à Calais, après avoir contribué à la reprise de cette ville
sur les Anglais ; ses descendants y résidèrent pendant
trois siècles consécutifs, et ne cessèrent d'y occuper un
rang distingué et d'y remplir de hautes fonctions ; aussi
le nom de l'un d'entre eux, M. Pigault de Beaupré,
décédé en 1855, a-t-il été donné en témoignage d'estime
et de reconnaissance à une rue de la ville de Calais[1].

L'un des signes les plus certains de l'ancienneté de
la noblesse bretonne consiste dans les partages nobles antérieurs à 1580 ; en effet, ainsi qu'il va être expliqué, la

1. Délibération du conseil municipal de Calais du 9 octobre 1885.

noblesse de ce pays s'est comportée successivement de quatre manières différentes pour effectuer le partage de ses biens.

Antérieurement à 1185, tous les nobles partageaient leurs biens par égales portions, sans avantage ni préférence pour la primogéniture.

En 1185, le comte Geoffroy, duc de Bretagne, tint avec ses Barons une assise, où il fut décidé que désormais les baronnies et les fiefs de chevaliers ne se partageraient plus également entre les enfants, mais que l'aîné aurait la saisine du tout, tandis que les puînés ne recevraient de lui qu'une portion arbitrale selon ses facultés et son instruction.

En 1539 intervint une réformation de la Coutume : les nobles qui avaient juré l'assise du comte Geoffroy furent maintenus à partager noblement comme au temps passé, avec cette différence toutefois que le droit des puînés fût porté au tiers (sauf pour les Comtes et les Barons, qui continuèrent à se traiter comme précédemment) ; mais l'article 559 de la Coutume interdit le privilège de l'assise aux nobles qui ne l'avaient pas encore juré, et ils furent renvoyés au partage égal. — Dès lors, il ne pouvait exister en Bretagne aucun noble dont l'ancienneté fût équivoque parmi ceux qui étaient admis à jouir du privilège de l'assise.

Enfin en 1580, époque de la dernière réformation de la Coutume, la différence qui existait entre les nobles fut supprimée, et ils furent tous admis indistinctement à partager noblement (excepté les Comtes et les Barons, qui continuèrent à se traiter comme par le passé).

De ce qui précède il résulte donc, ainsi que le fait

observer un vieil auteur, pour les nobles qui avant
1580 se sont gouvernés noblement dans leurs partages,
une preuve d'excellence et d'ancienneté d'autant plus
certaine, que la dureté de la loi d'assise pour les puinés
les intéressait grandement à contester aux aînés leur privilège, quand ceux-ci n'y avaient pas droit. — Il en
résulte aussi qu'il existait en Bretagne deux classes de
noblesse, dont la première était distinguée par le titre de
Noblesse d'assise et l'emportait en excellence sur la
seconde, car elle était assimilée aux anciens Comtes et
Barons de la province.

En ce qui concerne la famille Pigault, l'ancienneté de
sa noblesse est attestée :

d'une part, par plusieurs arrêts de maintenue (le premier remontant à 1513), rendus par les Chambres de
Réformation de Bretagne sur production de pièces pro-
bantes, notamment d'anciens partages nobles, effectués
suivant l'assise du Comte Geoffroy ;

et d'autre part, par les témoignages des généalogistes
les plus autorisés, tels que d'Hozier [1], La Chesnaye des
Bois [2], Artefeuille [3], Saint-Allais [4], Potier de Courcy [5],
Guérin de la Grasserie [6], Reistap [7], etc.

En outre, un dossier au nom de la famille Pigault est

---

1. *Armorial général*, Bretagne, t. I. (Voir aussi ci-après, p. 33,
une Note généalogique, qui porte le timbre du cabinet d'Hozier.)

2. *Dictionnaire de la noblesse* (1776).

3. *Nobiliaire de Provence*, t. III, Supplément, fol. 236.

4. *Nobiliaire universel* (1815, t. III, p. 337).

5. *Nobiliaire de Bretagne* (1846, t. II, p. 26).

6. *Armorial breton* (1815-1848), avec reproduction en couleurs
des armoiries de la famille.

7. *Armorial général.*

conservé à Paris, à la Bibliothèque nationale ; un autre dossier au même nom se trouve aux archives du ministère de l'intérieur à Vienne (Autriche).

Enfin, la famille conserve précieusement de nombreux portraits d'ancêtres, absolument authentiques, ainsi que divers papiers et documents anciens.

Armoiries. — Les Pigault portent : D'azur à la croix d'argent ancrée et givrée, ainsi que l'établissent d'anciens documents de famille et la généralité des auteurs nobiliaires [1].

On sait que la croix est l'une des neuf pièces dites *honorables*, comme ayant été les premières mises en usage par les hérauts, et que, d'autre part, la plupart des croix furent adoptées à l'époque des croisades.

De plus, par diplôme du 13 janvier 1769, l'Empereur Joseph II autorisa (voir le Dictionnaire de la noblesse de La Chesnaye des Bois) l'adjonction à ces armes de deux casques d'argent avec chaîne et médaille d'or au col, surmontés chacun d'une couronne de marquis et sommés : celui de dextre, d'une queue de paon accompagnée d'un double vol d'aigle de sable ; celui de senestre, d'un griffon d'argent aux ailes éployées et lampassé de gueule.

Supports : deux aigles tenant chacun une bannière qui reproduit l'écu.

Devise : *Sola nobilitat virtus.*

1. Exceptionnellement, on trouve aussi : D'azur à la croix d'argent, ancrée et gringolée d'or (notamment dans l'*Armorial général* de d'Hozier).

II. — Ancienne branche de Bretagne
(DE 1488 à 1698).

La pièce la plus ancienne qui mentionne le nom d'un membre de la famille est un rôle [1] de la montre et revue, passée le 26 juillet 1488 par François Lucas, seigneur de la Rochetesson, conseiller et chambellan, de 748 hommes de guerre qui comparurent à Fougères sous la conduite de Messire Jacques Guineuf, chevalier, et au nombre desquels figure *Jehan Pigault*.

Vient ensuite une lignée de six générations de Pigault, dont la filiation est établie sans interruption par des documents authentiques :

1° C'est d'abord *Philippe Pigault*, écuyer, auquel remonte avec certitude l'arbre généalogique, et qui est cité dans un extrait de la Chambre des comptes de Bretagne comme occupant noblement dès le commencement du XVIᵉ siècle la terre de la Mélatière, paroisse de Guipry [2], et comme étant exempt de fouages et de tailles.

1. Une copie certifiée de ce rôle fait partie des papiers de la famille.

2. La Mélatière est un hameau voisin de Lohéac, canton de Pipriac, arrondissement de Redon (Ille-et-Vilaine). — Guipry (même canton) était autrefois le siège d'un prieuré, faisant partie des bénéfices de l'Évêché de Saint-Malo.

·— Cet extrait, ainsi qu'on le verra ci-après, est relaté dans le rapport qui a précédé l'arrêt de maintenue rendu en 1670 [1] par la Chambre de Réformation en faveur de Jean Pigault (voir ci-après, 6°).

2° *Pierre Pigault*, fils du précédent, écuyer, seigneur de la Mélatière, est mentionné au registre de la Réformation de l'évêché de Saint-Malo en 1513, comme tenant noblement sa maison et métairie de la Mélatière.

Il est également cité, ainsi que sa femme, Louise de la Fonchaye [2], dans une note généalogique, timbrée du cabinet d'Hozier, et sur une pièce du dossier des Pigault conservé à la Bibliothèque nationale. — Il en est de même des quatre générations qui suivent.

3° *Raoul Pigault*, fils du précédent, écuyer, seigneur de la Mélatière, épousa Denise de Lassy [3]; il comparut dans un équipage convenable à son rang et à sa qualité aux Montres de la noblesse bretonne des années 1553, 1557, 1562 et 1573, ainsi qu'il en fut justifié par cinq actes, extraits de la Chambre des comptes de Bretagne et relatés dans l'arrêt de Réformation rendu en 1670.

Ce dernier arrêt fait également mention de deux actes

1. Voir ci-après (p. 37) une reproduction textuelle de cet arrêt, d'après une copie authentique.

2. La Fonchaye est un hameau voisin de la Mélatière ; on y voit encore d'importantes ruines d'un ancien château. — Payen de la Fonchaye est cité dans la Réformation de 1427 comme habitant son manoir de la Fonchaye.

3. Deux rôles remontant à 1543 et à 1569 mentionnent, l'un Jacques de Lassy, l'autre François et Jean de Lassy. — Lassy est une localité située dans l'Ille-et-Vilaine, canton de Guichen.

Julienne de Lassy épousa en 1655 Louis de Chausay, écuyer, seigneur du Bodou. Elle était fille de François de Lassy, écuyer, sieur de la Chevalleraye.

de *partage noble et avantageux*, passés entre ledit Raoul Pigault et ses deux frères, *Jean Pigault* et *Louis Pigault*, les 19 mai 1545 et 23 septembre 1562.

Ce même arrêt mentionne aussi un acte de partage du 10 mars 1583, passé par Raoul Pigault et Denise de Lassy, son épouse, avec leurs deux enfants, Jean Pigault (voir ci-après) et *Claude Pigault*, acte où il est déclaré que *les membres de cette famille s'étaient toujours gouvernés noblement pour leurs partages, suivant l'assise du Comte Geoffroy.*

Enfin, l'arrêt de Réformation de 1670 relate encore un contrat du 28 avril 1569, par lequel Raoul Pigault avait acheté au seigneur d'Assigné le fief et bailliage de la Chaumeraie [1], paroisse de Lohéac, ainsi que deux autres actes des 2 septembre 1572 et 5 janvier 1588, qui rendirent cette acquisition définitive.

Raoul Pigault, seigneur de la Mélatière, est également mentionné sur un rôle du 21 août 1543 [2] parmi les gentilshommes de l'évêché de Saint-Malo, qui furent présents à Lesneven sous la charge de noble homme Raoul Tizon, seigneur de la Villedeneu. — Ce même rôle mentionne en outre *Rolland Pigault.*

Un autre rôle, en date du 7 mars 1569 [3], cite aussi Raoul Pigault, seigneur de la Mélatière, au nombre des gentilshommes composant le ban et l'arrière-ban de l'évêché de Saint-Malo, qui furent présents à Dinan sous les ordres du capitaine Boisfeillet.

Par un acte du 10 septembre 1554 [4], passé en la mai-

1. La Chaumeraie est un hameau voisin de la Mélatière et de la Fonchaye.

2. Voir l'*Histoire de Bretagne* de dom Morice, t. III, col. 1050.

3. Voir le même ouvrage, t. III, col. 1360.

4. Une copie authentique de cet acte fait partie des papiers de la famille.

son et manoir de la Mélatière, Raoul Pigault fit prononcer l'exhérédation de son fils puîné Samuel pour cause de prodigalité.

De Raoul Pigault et de Denise de Lassy, son épouse, naquirent deux fils, Jean et Samuel, fondateurs de deux branches distinctes, dont l'une demeurée en Bretagne s'éteignit en 1698 en la personne de Jean Pigault, arrière-petit-fils de Raoul (voir ci-après, 6°), tandis que l'autre établie à Calais s'est perpétuée jusqu'à nos jours.

4° *Samuel Pigault*, exhérédé par son père, prit le parti des armes et, après avoir contribué à la reprise de Calais sur les Anglais en 1558, se fix. dans cette ville et devint le fondateur de la branche qui subsiste seule aujourd'hui (voir ci-après, III°).

Jean Pigault, écuyer, seigneur de la Mélatière, du Lignon et de la Chaumeraie, épousa Guillemette de Brégel, fille de nobles gens Charles de Brégel et Perrine Martin, ainsi que l'atteste le contrat de mariage, passé le 8 février 1588 avec noble homme Jean de Brégel, oncle de Guillemette (dont le père était décédé) et seigneur de Hautbois, le Hautnoyel et la Brisardière. — Ce contrat est relaté dans l'arrêt de Réformation de 1670.

5° *Christophe Pigault*, fils de Jean, écuyer, seigneur des mêmes lieux et du Chastel, naquit en 1592 et mourut à la Mélatière le 7 mai 1666, ainsi qu'en témoignent les anciens registres de la paroisse de Guipry [1]; il avait épousé Louise Le Masson (ou Le Maczon [2]).

---

1. Anciens registres paroissiaux de Bretagne, Guipry (librairie Plihon et Hommay, à Rennes).

2. Les mêmes registres mentionnent François Lemaczon, sieur des Failles.

Les mêmes registres mentionnent aussi les baptêmes de ses sept enfants, dont Jean, qui suit, et *François*, né en 1632, qui fut prêtre et recteur de Noyal [1] sous le nom d'abbé du Chastel.

La Réformation de 1670 mentionne, sous la date du 26 juillet 1622, un procès-verbal d'assiette concernant la succession de son père et dans lequel Christophe Pigault est « d'abondance qualifié d'héritier principal et noble ».

6° *Jean Pigault*, fils du précédent, écuyer, seigneur des mêmes lieux, épousa le 13 février 1668 Gillette de Kervirien, qui était sans doute sa parente comme fille de dame Mathurine Pigault et de René de Kervirien [2], seigneur de Causon, procureur général au parlement de Bretagne. — Le contrat relatif à ce mariage est visé dans la Réformation de 1670.

Il ressort d'un extrait authentique de l'acte de baptême [3] de Jean Pigault, consigné sur les registres de la paroisse de Guipry, qu'il était né le 16 novembre 1631, et qu'il avait eu pour parrain Jean Becdelièvre, seigneur de Bossac [4], et pour marraine Judith Martin, dame de la Tubodhai et compagne de Jean de la Touradaye.

Ce fut Jean Pigault qui comparut devant la Chambre

---

1. François Pigault, recteur de Noyal, est mentionné dans l'*Armorial général* de d'Hozier, Bretagne, t. I.

2. Une demoiselle Marguerite de Kervirien épousa vers 1650 Guillaume de Lanjamet, seigneur de Miniac.

3. Cet extrait fait partie des papiers de la famille.

4. Jean Becdelièvre, vicomte du Bouëxic, seigneur de Chastelier, la Foltière, la Fauvelaye, Bossac, conseiller au Parlement, époux de Guyonne Cheville, puis de Perronnelle de la Villéon, mourut à Rennes le 24 janvier 1659.

de Réformation, instituée par lettres patentes de janvier
1668, et qui, sur la production des diverses pièces pro-
bantes ci-dessus mentionnées, notamment de plusieurs
partages nobles antérieurs à 1580, obtint à la date du
23 juillet 1670 un arrêt qui le reconnut noble d'extraction, c'est-à-dire issu d'ancêtres nobles de temps immémorial, l'autorisa ainsi que ses descendants légitimes à
prendre la qualité d'écuyer, et leur maintint le droit
d'avoir armes et écussons timbrés appartenant à leur qualité et de jouir de tous droits, franchises, prééminences
et privilèges attribués aux nobles de la province.

Jean Pigault étant mort en 1698, n'ayant eu comme
postérité qu'une fille, Mathurine-Françoise, née en 1669,
avec lui s'éteignit la branche de la famille qui résidait
en Bretagne.

III. — Branche établie a Calais
(depuis 1558).

1° *Samuel Pigault*, écuyer, ayant été exhérédé par son père en 1554 pour cause de dissipation (voir ci-dessus), prit le parti des armes, s'y distingua et en 1558 participa, comme homme d'armes de la compagnie du Vidame de Chartres [1], à la reprise de Calais sur les Anglais, sous la conduite du Duc de Guise ; il s'établit ensuite dans cette ville, où ses descendants ont résidé pendant trois siècles consécutifs.

A l'exemple d'Édouard III qui, après s'être emparé de Calais en 1347, en avait expulsé tous les Français, le Duc de Guise chassa tous les Anglais du Calaisis et partagea leurs biens entre ceux qui l'avaient aidé dans sa conquête, ainsi qu'il résulte des procès-verbaux des actes de donation, qui furent confirmés par lettres patentes données par Henri II à Amboise le 28 mars 1559 et par Charles IX à Chartres en janvier 1566 (Registre des ordonnances, cote

1. François de Vendôme, Vidame de Chartres, Colonel d'infanterie, était fils de Louis de Vendôme, Prince de Chabanais, Grand veneur de France, et d'Hélène Gouffier, fille d'Artus Gouffier, Duc de Rouannais, Pair et Grand-Maître de France. Il fut enfermé à la Bastille à cause de sa liaison avec le Prince de Condé, chef du parti protestant, et mourut sans postérité.

B B, folio 512). C'est ainsi que, pour prix de sa bravoure, Samuel Pigault obtint, ainsi qu'il est relaté au Terroir de Miraumont de 1582 (p. 33), diverses terres situées sur le territoire des communes de Vieille-Église et d'Hervelinghen.

Suivant contrat de mariage du 20 Mars 1573 [1], Samuel Pigault épousa Jehanne Hamilton, qui était issue de deux très nobles familles anglaises.

En effet son père, noble homme Jacques Hamilton, écuyer, ancien officier de la garde du Roi d'Angleterre, descendait des Barons de Belhaven en Écosse et, d'après l'identité des armoiries, il devait appartenir à l'illustre famille Hamilton, qui plus tard obtint le titre de Duc en Angleterre et reçut du roi Henri II celui de Duc de Châtellerault en France. Il s'était retiré à Calais pour cause de religion, lors de la Réforme.

Sa mère, Polly Mortimer, descendait de l'antique famille des Mortimer ou Mortemer [2], originaire de Normandie, et qui dès 1250 possédait dans ce pays la Baronnie de Varenguebec [3], à laquelle était attachée la dignité

---

1. Voir ci-après (p. 34) la reproduction textuelle de ce contrat, d'après une copie authentique.

2. Mortemer, ancien siège de la Baronnie de ce nom, est un village du pays de Caux, arrondissement de Neufchâtel (Seine-Inférieure).

3. L'*Annuaire du département de la Manche* (années 1858 et 1859) contient d'intéressants renseignements sur la Baronnie de Varenguebec (canton de La Haye-du-Puits, arrondissement de Coutances), qui possédait une haute, moyenne et basse justice, avec droits de tabellionage, de fouage et de monéage. Après avoir appartenu en 1030 à Raoul de Gacé, cette Baronnie passa successivement aux maisons de Reviers, de Vernon et du Hommet, puis par Julienne du Hommet à Robert de Mortemer. Après la mort de ce dernier, vers

héréditaire de Connétable du Duché, charge donnant le commandement général des armées et plus élevée que celle de Chambellan. En 1066, Raoul Mortemer, proche parent du Duc Guillaume de Normandie, avait pris part à la conquête de l'Angleterre, ainsi que l'atteste la célèbre inscription de l'église de Dives-sur-mer (Calvados), qui énumère les noms des principaux seigneurs ayant fait partie de cette expédition.

Samuel Pigault trouva une mort glorieuse sous les murs de Calais en 1596 : les Espagnols commandés par l'Archiduc Albert d'Autriche, ayant mis le siège devant cette ville, obtinrent du Gouverneur une capitulation déshonorante qui fut répudiée par les bourgeois ; ceux-ci s'étant enfermés dans la citadelle repoussèrent trois assauts successifs et se firent tuer sur la brèche au nombre d'un millier (*Annales de Calais*, par Bernard), après quoi la ville fut mise à feu et à sang.

2° *Raolin Pigault*, écuyer, fils du précéd , chef d'une cohorte d'infanterie en Normandie a   d la Ligue, épousa le 16 Septembre 1632, suivant contrat passé à Calais devant les notaires François Ducrocq et Jean de Ponthieu, Catherine de Fouchart, fille de Jehan de Fouchart, écuyer, commandant de cent hommes d'armes, demeurant à son château de Cisternes en Normandie, et de Catherine d'Orgemont, sa femme.

3° *Guillaume Pigault*, écuyer, fils du précédent, épousa

1277, sa fille Jeanne la transmit à la famille du Bec-Crespin, après quoi elle passa aux de Melun (1474), aux d'Harcourt, à François d'Orléans, Comte de Danois (1488), enfin en 1740 au Comte (plus tard Duc et Maréchal) de Coigny, dont la fille épousa le Maréchal Sebastiani. En dernier lieu, la Baronnie appartint au Duc de Choiseul-Praslin, puis à la famille de Castries.

le 30 Novembre 1655, suivant contrat passé à Calais devant les notaires Dominique Bridault et Bertrand le Vasseur, Marguerite Petit, fille d'un mayeur de Calais et sœur de Charles Petit, Seigneur de Bachaumont, Auditeur à la Chambre des Comptes de Paris[1].

Ayant à la tête de la milice bourgeoise repoussé les Espagnols qui, sous la conduite du Prince de Condé servant alors contre la France, étaient venus à l'improviste attaquer Calais, il obtint du Général Comte de Saint-Martin un certificat de bravoure daté du 15 Août 1657[2].

4° *Guillaume Pigault*, écuyer, fils du précédent, né le 13 janvier 1657, fut Colonel de la milice de Calais, mayeur de cette ville en 1696 et juge-consul en 1697.

Une ordonnance de François II du 16 Février 1560 avait accordé aux habitants de Calais le droit d'élire chaque année un mayeur et quatre échevins, et seuls les bourgeois ou notables pouvaient prendre part à l'administration de la ville.

Guillaume Pigault épousa en premières noces Marguerite Meunier[3] (contrat du 14 Juillet 1681) et en secondes noces Perronne Danjan, petite-fille par sa mère de N. Raoult, mayeur de Calais en 1642 (contrat du 15 Mars 1695), d'où une double descendance :

1. Charles-Antoine Petit, reçu Auditeur des comptes le 14 Décembre 1673, mort le 20 Mars 1691 (Chambre des Comptes de Paris, par le Comte d'Yanville, 2e volume, p. 898).

2. Voir ci-après (p. 42) la teneur textuelle de ce certificat.

3. Elle était la petite-nièce de Pierre Meunier, Provincial des Capucins de la province de Paris sous le nom de Père Pacifique, gardien de custode à Rome, qui mourut à Paris le 16 Novembre 1740 à l'âge de 74 ans.

A) Du premier lit naquit *Marie-Marguerite Pigault* qui, par contrat du 3 Septembre 1715, épousa Honoré de Laugier, chevalier, Baron de Laugier, Seigneur de Villars[1], d'Auzet et de Châteauredon, capitaine au régiment de Flandre, qui devint plus tard lieutenant-colonel, chevalier de Saint-Louis, lieutenant des Maréchaux de France à Digne, et qui était fils de Messire Hubert de Laugier et de dame Élisabeth de Castellane.

De ce mariage furent issus trois enfants, savoir :

Jean-François-Hippolyte, Baron de Laugier-Villars, Chevalier de Saint-Louis, qui à la bataille de Fontenoy en 1745 fit prisonnier le Général Anglais Ligonnier ; marié le 25 Juillet 1751 à Marie-Jeanne-Élisabeth de la Croix, fille d'un Sous-Intendant à la Martinique, il mourut en 1769 sans postérité ;

Louis-Antoine, Comte de Laugier-Villars, né en 1727, qui a continué la descendance par son mariage (10 Août 1766) avec Anne-Marguerite des Michels de Champorcin ;

N. de Laugier-Villars, mariée à N. du Puget, écuyer.

B) Du second lit naquit Guillaume-Alexandre Pigault, qui suit.

5° *Guillaume-Alexandre Pigault*, écuyer, Seigneur de Saint-Tricat[2] et du Bois-Rabbé, Conseiller du Roi, Président-juge des traites et juge-voyer des villes et gou-

---

1. Le *Nobiliaire de Provence* cite le chef de cette famille comme étant l'un des hauts Barons de Provence dès le xi⁰ siècle.

2. L'acquisition du fief de Saint-Tricat fut faite par Alexandre Pigault suivant contrat passé le 2 Janvier 1759 devant Mᵉ François, notaire à Calais.

vernements de Calais, Ardres et Guines, épousa suivant contrat du 23 Novembre 1724, passé à Calais par-devant les notaires Lainthier et Baudier, Jeanne-Antoinette de Riezon, fille d'un maïeur de Calais ; il mourut le 6 Avril 1786.

En qualité de secrétaire de Comte de Bussy, Ambassadeur de France en Angleterre, il fut chargé par ordre du Roi en Avril 1744, immédiatement après la déclaration de guerre, de se rendre secrètement à Londres pour y sauver les papiers officiels de l'Ambassade, et il s'acquitta avec le plus grand succès de cette délicate mission [1].

Dès le commencement de cette même année 1744, il avait été chargé par le Ministre Amelot d'établir une correspondance diplomatique secrète entre le Ministère des Affaires étrangères et l'abbé Grossatesta, Ministre du Duc de Modène à Londres [2].

D'autre part, il sut rendre au Duc de Richmond un service important, qui consista soit à lui faire conserver, malgré la guerre régnant alors avec l'Angleterre, la libre possession de la terre d'Aubigny, qu'il tenait de sa grand' mère Louise de Quéronnelle, Française d'origine, devenue la maîtresse du Roi Charles II et créée par lui Duchesse de Portsmouth, soit plutôt à lui faire obtenir l'autorisation de porter en France le titre de Duc d'Au-

---

1. Cette mission est expressément relatée dans les Archives du Ministère des Affaires étrangères, notamment dans un mémoire émanant de M. de Bussy lui-même et daté du 27 Juin 1744 (Correspondance d'Angleterre, vol. 418, fol. 313).

2. Voir les Archives des Affaires étrangères, vol. 82, folios 114 à 120, et vol. 418, folios 145, 156 et 233.

bigny. En témoignage de reconnaissance, les portraits du Duc de Richmond, de sa fille et de son gendre (Lord et Lady Holland) furent envoyés en 1784 à la famille, qui les a précieusement conservés jusqu'à ce jour [1].

En outre, il fut à même de rendre un service signalé au Cardinal Rezzonico, plus tard Pape sous le nom de Clément XIII [2], en le faisant rentrer en possession de

1. Charles Lennox, 2e Duc de Richmond, avait pour père le 1er Duc de Richmond, fils de Charles II et de la Duchesse de Portsmouth ; né le 12 Mai 1701, il épousa en Décembre 1719 Sara, fille de William, Comte de Cardigan. Sa fille, Georgina Caroline, née le 20 Mars 1723, fut mariée le 1er Mars 1744 à Lord Holland (Henri Fox, 1er Lord Holland, né en 1745, mort en 1774).

Il ressort d'une notice faisant partie des Archives des Affaires étrangères (vol. 418, fol. 248) que la terre d'Aubigny, située en Berry, avait été donnée en 1422 par Charles VII à Jean Stuart, Connétable d'Ecosse, en récompense de ses services; ses successeurs la conservèrent jusqu'en 1672, époque de la mort du dernier Duc de Richmond, et elle revint alors à la couronne de France.

En 1673, cette même terre fut donnée par Louis XIV à la Duchesse de Portsmouth, en récompense des services rendus par elle à la France, et à son fils, créé Duc de Richmond, sous la condition de réversion à la couronne à défaut d'enfants mâles. En Janvier 1684, la terre d'Aubigny fut érigée en Duché-Pairie en faveur de la Duchesse de Portsmouth et, après sa mort, en faveur de son fils.

Cette terre se composait de 2 châteaux, de 9 métairies, de 3 moulins et de 2 étangs.

Les Archives contiennent aussi (*ibid.*) une lettre du 15 Avril 1744, par laquelle le Duc de Richmond demande au Roi de lui laisser la libre jouissance de sa terre d'Aubigny, malgré la guerre qui venait d'éclater entre la France et l'Angleterre.

Enfin, les Archives départementales du Cher contiennent (série F) une lettre du 14 Octobre 1748, par laquelle le Duc de Richmond sollicite la reconnaissance de son titre de Duc français, et une autre lettre du 30 Octobre 1749, par laquelle le roi Louis XV accorde cette reconnaissance au Duc de Richmond et à son fils aîné.

2. Le cardinal Charles Rezzonico, né à Venise en 1693, fut élevé au Pontificat suprême en 1758.

biens situés en Écosse, qui avaient été séquestrés sous Henri VIII.

Ayant été mis dans le secret des opérations militaires et maritimes projetées en vue du rétablissement des Stuarts sur le trône d'Angleterre, Guillaume Pigault tint cachés dans ses propriétés les chefs anglais et écossais qui devaient commander l'expédition.

Lors du projet d'invasion de l'Angleterre en 1746 sous le commandement du Maréchal de Saxe, Guillaume Pigault correspondit avec les chefs du parti des Stuarts. Vers la même époque, il fut chargé par le Gouvernement français d'enlever un bâtiment hollandais, qui devait porter en Angleterre d'importantes dépêches contenant le plan des opérations des armées alliées en Flandre ; dans ce but, il équipa et arma à Calais un bâtiment, qu'il nomma *La Petite Fortune* et dont il confia le commandement à un marin aussi brave qu'expérimenté, nommé le Capitaine Artus ; ce dernier, après avoir croisé devant l'embouchure du Texel, parvint à enlever le bâtiment hollandais et s'empara des dépêches, qui contenaient en effet les projets des cours de Vienne, de Berlin et de La Haye et qui furent aussitôt envoyées à Versailles. A cette occasion, Guillaume Pigault reçut les remercîments et les éloges du Roi.

Cinq fils naquirent du mariage de Guillaume Pigault et d'Antoinette de Riczon, savoir :

A) *Guillaume-Antoine-Hippolyte Pigault*, écuyer, Conseiller du Roi, Mayeur de Calais, Lieutenant-général de la police, Président-juge des traites, né le 21 Juillet 1726, décédé le 9 Thermidor an V, marié à demoiselle Mache de Lépinoy.

Par une bulle en date du 15 Juin 1764, le Pape Clément XIII, en reconnaissance des services que Guillaume Pigault lui avait rendus alors qu'il était encore le Cardinal Rezzonico (voir ci-dessus, 5°), octroya à Guillaume-Antoine-Hippolyte Pigault les titres de Patrice romain, de Comte de Latran et de Chevalier de l'Éperon d'or.

En outre, par diplôme du 13 Janvier 1769, l'Empereur Joseph II le créa, ainsi que ses descendants des deux sexes, Chevalier de la noblesse immédiate de l'Empire avec quatre degrés de rétroactivité, l'autorisa à prendre la particule nobiliaire *De* et lui permit d'ajouter aux anciennes armoiries de sa famille divers insignes et attributs dont le détail a été indiqué ci-dessus (voir aux Armoiries).

Plusieurs lettres de Pigault de l'Epinoy, relatives à des questions d'administration et portant son cachet armorié, sont conservées aux Archives du Pas-de-Calais, à Arras (série C, n°s 104, 106, 138, 139, 141, etc.). On lui doit aussi cinq volumes manuscrits de mémoires sur l'histoire de Calais.

Enfin, son nom a été gravé sur une plaque commémorative, apposée à Calais sur l'emplacement de l'ancienne maison d'Eustache de Saint-Pierre.

Parmi ses nombreux enfants il convient de citer les six suivants :

a) Guillaume-Charles-Antoine Pigault, dit Lebrun, né en 1753, célèbre romancier, qui eut de son mariage avec demoiselle Michot :

Jean-Baptiste Pigault, capitaine au régiment des Hussards du Bas-Rhin, officier de la Légion d'honneur,

et *Honorine Pigault*, mariée à Mᶜ Augier, avocat à la
Cour de Cassation, dont naquit Émile Augier, membre
de l'Académie française, Grand-officier de la Légion
d'honneur;

b) Gaspard-Jean-Eusèbe Pigault, Sʳ de Beymont [1],
né en 1755, officier, puis Conseiller rapporteur du point
d'honneur, chevalier de la Légion d'honneur, marié à
à Marie, Gabrielle de Maubaillarcq, décédé en 1839;

c) Gustave-Pierre-Alexandre Pigault, Sʳ de Brou-
champ, né en 1759, Commissaire des guerres, marié à
Pélagie de Croix;

d) Hippolyte-Charles-Eusèbe Pigault, Sʳ de la Mélatière, né en 1764, Chef de cohorte à Saint-Domingue,
marié à demoiselle de Lépinoy;

e) Eustache-Pierre-Jean-Baptiste Pigault, Sʳ du Vivier,
né en 1766, mort sans postérité;

f) Gaspard-Jean-Eusèbe Pigault de Maubaillarcq, Lieutenant des Maréchaux de France, chevalier de la Légion
d'honneur, décédé en 1839;

B) *Jean-Baptiste-Augustin Pigault*, Chanoine régulier
de l'abbaye de Licques (Pas-de-Calais);

C) *François-Pierre-Alexandre Pigault*, Sʳ de Blampignon, avocat au Parlement, Procureur du Roi, Maître
des eaux et forêts à Calais [2];

D) *Gaspard-Antoine-Henri Pigault*, Sʳ de Grand-

---

1. Parmi les papiers de famille figurent trois lettres de Pigault de
Beymont, relatives à ses services militaires.

2. Une lettre de Pigault de Blampignon, datée du 8 Décembre
1758, est conservée dans les Archives du département du Pas-de-
Calais (série B, nᵒ 911).

court, Capitaine d'artillerie au régiment de Strasbourg [1],
chevalier de Saint-Louis, qui épousa en 1784 Eléonore
Bouvet, dont la sœur Philiberte, mariée au Sieur de
Bledchamp, avocat au Parlement, eut pour fille Alexan-
drine-Marie, laquelle épousa en premières noces le S[r]
Jouberthon, agent de change, puis Commissaire des
guerres, décédé à Saint-Domingue lors de l'expédition
du Général Leclerc, et en deuxièmes noces, Lucien
Bonaparte, Prince de Canino, frère de l'Empereur Napo-
léon Ier.

Sa fille, Laurence Pigault de Grandcourt, épousa en
1807 son cousin germain Alexandre-Louis-Erard Pigault de Beaupré, fils du suivant (voir ci-après) ;

E) *Henri-Jacques-Marie Pigault*, Sr de Beaupré, qui
suit, fondateur de la branche de son nom, qui est seule
représentée aujourd'hui par une postérité mâle, ainsi
qu'il va être expliqué.

---

1. Voir le Bulletin de la Société historique du Calaisis, mois de
Mars 1914 : Etat civil et militaire de Calais en 1789.

IV. — Branche Pigault de Beaupré.

1° *Henri-Jacques-Marie Pigault*, Sr de Beaupré, né en 1741, décédé en 1820, Capitaine d'artillerie de marine, épousa le 4 Août 1779 Jeanne-Suzanne Mollien, fille de Claudine Leveux (nom encore porté par une rue de Calais) et de Gaspard Mollien, ancien mayeur et juge-consul à Calais, proche parent du Comte Mollien, le célèbre Ministre des Finances du premier Empire.

Une lettre de M. Pigault de Beaupré, datée du 7 Février 1767, est conservée dans les archives du Pas-de-Calais (série B, n° 915).

2° *Alexandre-Louis-Erard Pigault de Beaupré*, fils du précédent, né en 1782, Chevalier de la Légion d'honneur, Lieutenant-colonel de la milice, Conseiller général du Pas-de-Calais de 1830 à 1842, Correspondant du Ministère de l'Instruction publique, épousa en premières noces, en 1807, sa cousine germaine Laurence Pigault de Grandcourt (voir ci-dessus [1]), dont il n'eut qu'une fille morte en bas âge, et en 1813 Marguerite-Antoinette-Félicité Libert de Wimarest.

Il eut l'honneur de saluer Sa Majesté le Roi Louis

1. Par ce mariage M. Pigault de Beaupré était devenu cousin germain d'Alexandrine de Bledchamp, d'abord veuve Jouberthon, puis remariée à Lucien Bonaparte, Prince de Canino.

XVIII, lorsque ce monarque revenant d'exil débarqua à Calais le 25 Avril 1814.

Il mourut en 1855, après avoir rendu les plus signalés services à la ville de Calais, dont la municipalité a par reconnaissance donné en 1885 à l'une des rues de la ville le nom de rue de Beaupré [1].

3° De ses trois fils qui suivent, un seul (Louis) a continué la descendance mâle, ainsi qu'il va être expliqué :

A) *Alexandre-Henri-Marie Pigault de Beaupré*, marié en 1840 à Amélie-Marie-Françoise Gandon des Ailliers et décédé en 1877, dont :

Henri, sans postérité,

et Amélie, née en 1841, décédée en 1913, mariée au Comte de Thomas de Labarthe, ancien Capitaine de cavalerie, Chevalier de la Légion d'honneur. — Leur fils Raymond a épousé en 1899 Mlle de la Mairie et a plusieurs enfants; leur fille Marie était mariée à M. Guérin du Grandlaunay, officier de cavalerie, tué pendant la guerre de 1914 avec l'Allemagne, laissant un fils;

B) *Félix-Alexandre-Gustave Pigault de Beaupré*, marié à Mlle de Thomas de Labarthe, tous deux décédés, dont deux enfants :

Raoul, marié à Mlle de Morel, mort sans postérité,

et Mathilde, mariée à M. de France de Tersant, décédé, dont trois enfants :

Alexis, marié à Mlle de Maret,

Marie-Thérèse, mariée au Vicomte Vignat de Cassini,

1. Son éloge biographique a été prononcé, lors de son décès, par M. de Rheims, bibliothécaire de la ville, et par le maire de Calais. (Voir le *Journal de Calais*, n^os des 23 et 31 Mai 1855.)

et Marguerite, mariée au Comte Henri de Prunelé;

C) *Louis-Antoine-Gaspard, Comte[1] Pigault de Beaupré*, Ingénieur des Ponts et chaussées[2], Chevalier de la Légion d'honneur, Commandeur des ordres de Saint-Sylvestre, d'Isabelle la Catholique et du Nisham, marié en 1854 à Mlle Buffin, sœur du Général Baron Buffin, tous deux décédés, dont deux fils :

a) *Erard-Louis-Désiré, Comte Pigault de Beaupré*, né en 1855, ancien Attaché aux Affaires étrangères, Chevalier des ordres de Saint-Sylvestre et de Charles III, officier du Nisham, marié en 1884 à Louise-Élisabeth-Marie-Ghislaine d'Udekem d'Acoz, fille du Baron et de la Baronne, née de Kerchove d'Exaerde, d'où cinq enfants :

Louis, marié à Mlle Blommaert : un fils;

Madeleine, mariée à Adrien Casier : un fils;

Alice;

Geneviève

et Yves.

b) *Albert-Charles-Henri-Achille, Vicomte Pigault de Beaupré*, né en 1856, Conseiller Maître à la Cour des Comptes, Chevalier de la Légion d'honneur, du Mérite agricole et des ordres de Saint-Sylvestre et de Saint-Grégoire-le-Grand, marié en 1884 à Walburge de Rei-

---

1. Un bref du Souverain Pontife Pie IX, en date du 29 Juillet 1870, a conféré à cette branche, seule subsistante aujourd'hui, le titre de Comte, concédé en 1764 (voir ci-dessus) à Guillaume-Antoine-Hippolyte Pigault.

2. Sur la route d'Urdos à Jaca a été élevée au col du Somport (1.640 mètres, frontière franco-espagnole) une pyramide rappelant que les travaux de cette voie de communication ont été exécutés sous la direction de M. Pigault de Beaupré.

set, fille du Comte, Ministre plénipotentiaire, Commandeur de la Légion d'honneur, et de la Comtesse, née Lefébure de Saney de Parabère, dont la mère, fille du Général Comte Lefebvre-Desnouettes, fut Dame du Palais de l'Impératrice Eugénie ; d'où deux filles :

Lavinie

et Thérèse.

ANNEXES

Note généalogique, portant le timbre du Cabinet d'Hozier et concernant la famille.

PIGEAULT

D'azur, avec croix ancrée, gironnée d'argent.

Pierre PIGEAULT, épousa Louise de la FONCHAIS ; ils vivaient en 1513.

Raoul PIGEAULT, Sr de la MÉLATTIÈRE, épousa en 1568 Guillemette de BREGEL.

Christophe PIGEAULT, Sr de la MÉLATTIÈRE, épousa Louise Le Masson.

Jean PIGEAULT, Sr de la MÉLATTIÈRE.

Ils ont été déclarés nobles d'extraction par arrêt du 23 Juillet 1670 (Me Salliou, rapporteur).

*Contrat de mariage de Samuel PIGAULT, écuyer,
passé à Calais le 20 Mars 1573.*

A tous ceux qui ces présentes lettres verront Antoine Jacomel, Président et Juge général de la justice de Calais et Pays reconquis, Salut.

Savoir faisons que, par-devant maitre Pierre Pingeon et Adrien Montier, notaires royaux établis par Sa Majesté en dits pays, soussignés, furent présents :

Samuel Pigault, écuyer, gendarme de la compagnie de M. le Vidame, troisième Gouverneur de Calais et pays susdits, d'une part,

Et honnête fille Jehanne Hamilton, fille à noble homme Jacques Hamilton, Yeoman du Roy d'Angleterre, et honnête femme Polly Mortimer, d'autre part,

Assistés, savoir,

ledit Pigault, de Jean de Calais, gendarme de la compagnie du sieur le Vidame, son cousin, d'honorable homme Antoine Rathedge, capitaine de la compagnie des Archers, d'honorable homme Georges Duhau, ancien consul, ses amis,

et, pour ladite Hamilton, de Jaquelaine Mortimer, sa tante grande, de Wilfrid Hamilton, son cousin,

Lesquelles parties cy-dessus ont recognus et confessent

avoir fait et font par ensemble les promesses et conventions de mariage qui s'ensuivent, c'est à savoir qu'ils ont promis et promettent prendre l'un l'autre à mari femme, époux et épouse dans quarante jours d'huy ou plus tôt, si Dieu et notre mère Ste Église s'y consent et accorde à la première réquisition de l'un l'autre,

Pour auquel parvenir ledit Pigault a déclaré lui appartenir et qu'il apportera audit mariage la somme de Douze cents écus, tant en argent comptant dû par cédules et obligations à lui dues, dont ladite Hamilton s'est tenue pour contente,

Et de la part de ladite Hamilton a dit lui conquester et appartenir la moitié de la maison, où est pour enseigne Le Chien, et Huit cents écus en argent comptant, et dont il s'est tenu pour content,

Étant conditionné entre les deux parties que, advenant le trépas de l'ung ou l'autre, soit qu'il y ait enfans ou non, le survivant aura et remportera pour sa part et sans charge de dettes, savoir, ledit sieur Pigault, ses armes, chevaux, habillement, avec la somme de Cinq cents écus, et ladite Hamilton, son accoutrement, bagues, joyaux, son lit et chambre étoffée, avec pareille somme de Cinq cents écus, en tout par préciput, et, si ledit sieur Pigault décède auparavant ladite Hamilton sans enfans, ses héritiers auront la somme de Trois cents écus pour toutes choses qu'ils pourront prendre à la succession dudit Samuel Pigault, et sans charge de dettes, et, pour le surplus, suivant la coutume de cette ville et pays, ainsi qu'il a été accordé entre les parties, promettant avoir et tenir pour agréable, ferme et stable à toujours le contenu desdites présentes, sans jamais y contrevenir, sous l'obligation de tous et chacun leurs biens meubles et immeubles, présents et advenir, qu'ils ont promis soumettre et obliger à la justice dudit Calais et autres où trouvés seront, renonçant à tout à ce contraire, en témoin de quoi nous, à la relation des présentes en présence des parties soussignées, avons apposé le Scel Royal établi aux contrats de notre généralité, qui furent faits et passés audit Calais après-midi en la maison de Jaquelaine Mortimer le vingtième jour de Mars mil cinq cent septante trois, et ont lesdites parties, amis et assistants signé leur marque sur la minute des présentes, suivant l'ordonnance. Signé, Pingeon avec paraphe, Signé, Montier avec paraphe.

Arrêt de maintenue de noblesse de la famille PIGAULT, extrait des Registres de la Chambre établie par le Roy pour la réformation de la noblesse du Pays et Duché de Bretagne (23 Juillet 1670).

Entre le Procureur du Roy, demandeur, d'une part,

Et Jean Pigault, écuyer, Sr de la Mellatière, demeurant à sa maison de la Mellatière, Paroisse de Guipry, Évêché de Saint-Malo, sous la sénéchaussée de Rennes, deffendeur, d'autre part,

Vu par la Chambre établie par le Roy pour la réformation de la noblesse du Pays et Duché de Bretagne par les lettres patentes de Sa Majesté du mois de Janvier 1668, vérifiées en Parlement le 30 Juin suivant, un extrait de présentation faite au greffe d'icelle par maitre René Berthou, procureur du deffendeur, le 19 Juillet présent mois et an 1670, lequel aurait pour lui déclaré soutenir des qualités de noble et d'écuyer d'ancienne extraction et avoir pour armes D'azur à une croix ancrée et givrée d'argent, induction dudit deffendeur sous seing privé fournie et signifiée à maitre Guillaume Raoul, Conseiller en la Cour, faisant la fonction de Procureur général du Roy, cedit jour 19 Juillet audit an par Testart, huissier en ladite Cour, par laquelle il déclare être noble et issu d'ancienne extraction, et comme tel devoir être

et ses descendants en légitime mariage maintenus en la
qualité d'écuyers, pour jouir de tous les droits, hon-
neurs, franchises, privilèges et prééminences attribués
aux nobles de cette province, et en conséquence que son
nom sera employé au Rolle et Catalogue des nobles de
la sénéchaussée de Rennes.

Pour établir la justice de quelles conclusions ledit
deffendeur articule à faits de généalogie qu'il est fils aîné,
héritier principal et noble d'écuyer Christophe Pigault
et de dame Louise le Maizon, — que ledit Christophe
eut pour père Jean Pigault et pour mère dame Guillemette de Brégel, — lequel Pigault était fils aîné, héritier principal et noble d'écuyer Raoul Pigault et de dame
Denise de Lassy, — et ledit Raoul Pigault issu de Pierre
Pigault, écuyer, et de dame Louise de la Fonchais, tris-
ayeule du deffendeur, — tous lesquels, comme leurs
prédécesseurs, se sont de tous tems immémorial gouvernés et comportés noblement et avantageusement tant
en leurs personnes, biens, que partages, et ont toujours
pris les qualités de nobles, d'écuyers et seigneurs, ce que
pour justifier à celuy deffendeur met :

son extrait de son âge, qui prouve qu'il est fils d'é-
cuyer Christophe Pigault, Sr de la Mélatière, et de damoiselle Louise le Maizon, sa compaigne, ledit extrait tiré
dessus le papier baptismal de la paroisse de Guipry,
datté du 16 Novembre 1631 et délivré du 12 Février
1670, signé Toussaint Thébault, doyen de Guipry ;

un contrat de mariage, passé entre Messire Jean Pigault, Sr de la Mellatière, fils aîné, héritier principal et
noble de défunt Messire Christophe Pigault, vivant Seigneur dudit lieu de la Mellatière, et de dame Louise le

Maizon, ses père et mère, avec damoiselle Gillonne de Kerverien, fille de feu Messire Pierre de Kerverien, vivant Seigneur de Causon, et de dame Mathurine Pigault, cedit contrat datté du 13 Février 1668;

autre contrat de mariage, passé entre écuyer Jean Pigault, Sr de la Mellatière et du Lignon, et noble homme Jean Bregel, Sr du Hautbois le Hautnoyel et la Brisardière, par lequel ledit Sr du Hautbois aurait donné en mariage audit Sr de la Mellatière damoiselle Guillemette de Brégel, sa nièce, issue de nobles gens Charles de Brégel, frère dudit Sr du Hautbois, et Perrine Martin, sa femme, en faveur duquel mariage ledit Sr du Hautbois aurait donné à laditte de Brégel, sa ditte nièce, pour l'amitié qu'il lui portait et de l'affection qu'il avait de l'avantager, la somme de Quinze cents écus d'or sol, ledit contrat datté du 8 Février 1588;

un extrait de l'âge dudit Christophe Pigault, fils de noble homme Jean Pigault et Guillemette de Brégel, S^r et dame de la Mellatière, ledit extrait datté du 11 Septembre 1592;

un procès d'assiette, que le même Christophe Pigault se fait bailler, des deniers dottaux de ladite Brégel, sa mère, sur les héritages de la succession de Jean Pigault, son père, qu'il avait recueillie sous bénéfice d'inventaire, dans lequel procès-verbal ledit Christophe Pigault est d'abondance qualifié d'héritier principal et noble dudit Jean Pigault, son père, ledit procès-verbal d'assiette fait en exécution d'arrêt de la Cour par un Conseiller et Commissaire d'icelle, datté du 26 Juillet 1622;

un acte de partage, qui vériffie que Jean Pigault fut pareillement fils ainé, héritier principal et noble d'écuyer

Raoul Pigault et de dame Denise de Lassy, et que par ledit partage baillé par ledit Jean et Claude Pigault, sa puinée, laquelle reconnut le gouvernement noble et avantageux et qu'ils s'y étaient toujours gouvernés pour les partages suivant l'Assise du Comte Geoffroy, ledit acte de partage datté du 10 Mars 1583 ;

cinq actes justifiant que ledit Raoul Pigault comparut aux montres des personnes nobles dans toutes les occasions et se présenta toujours dans l'équipage convenable à sa qualité parmi les autres gentilshommes du canton, lesdits actes des années 1553, 1557, 1562 et 1573 ;

quatre actes : le premier est un contrat d'acquest, fait par ledit Raoul Pigault, du fief et bailliage de Chaumeraie avec le Seigneur d'Assigné, lequel fief est encore dépendant de laditte maison annexée à la terre noble de la Meliatière, ledit contrat datté du 28 Avril 1569 ; — le second est un acte de prise de possession dudit bailliage et des autres choses employées au contrat préallégué, datté du 21 Juillet, même an ; — les trois et quatre sont suppléments que ledit Raoul Pigault fut obligé de faire au Sr et Dame de Brissac, héritiers du feu Seigneur d'Assigné, vendeur, sur le prix dudit contrat, qui avait été passé d'abord à condition de réméré et de racquit, laquelle condition fut entièrement purgée par les moyens desdits deux suppléments, dattés des 2 Septembre 1572 et 5 Janvier 1588, étant prouvé par lesdits actes que ledit Raoul Pigault est toujours qualiffié Écuyer ;

deux actes de partage noble et avantageux faits entre Raoul Pigault, aîné, Jean et Louis Pigault, ses deux puinés, dattés des 19 May 1545 et 23 Septembre 1562 ;

un extrait tiré de la Chambre des comptes de Bretagne

de la Réformation de l'Évêché de St Malo de l'an 1513, sous la paroisse de Guipry, où y est employé Philippe Pigault, Sr de la Mellatière, noblement, les derniers métayers francs et exempts de fouages et tailles en ladite paroisse et vient d'acquest, et y est ledit Pigault demeurant, sis en laditte paroisse, ledit extrait datté et délivré du 25 Juin 1669.

Et tout ce que par ledit deffendeur a été mis et produit devers laditte Chambre au désir de son induction et actes y articulés, par tous lesquels les qualités de nobles hommes, écuyers et seigneurs y sont employées.

Conclusions dudit Raoul, Conseiller, faisant la fonction dudit Procureur général du Roy,

Considére laditte Cour et Chambre, faisant droit sur l'instance, a déclaré et déclare ledit Jean Pigault noble et issu d'extraction noble, et comme tel lui a permis et à ses descendants en mariage légitime de prendre la qualité d'écuyer et de la maintenir du droit d'avoir armes et écussons timbrés appartenant à sa qualité et à jouir de tous droits, franchises, prééminences et priviléges attribués aux nobles de cette province, et ordonne que son nom sera employé au Rolle et Catalogue des nobles sous la sénéchaussée de Rennes.

Fait à laditte Chambre à Rennes le 23 Juillet 1670.—
Pour duplicata, signé le Clavier.

*Certificat de bravoure
délivré au Capitaine Pigault par M. de Saint-Martin.*

Victor de Saint-Martin, Commandant la milice du Gouvernement de Calais, certifions à tous ceux qu'il appartiendra que, lors de l'attaque à l'improviste de la ville de Calais par les Espagnols que commandait le Prince de Condé, le Capitaine Pigault, à la tête de sa Compagnie, s'est comporté avec valeur et habileté ; qu'il a repoussé les piquiers espagnols qui ont voulu prétendre porte dans les jardinages du faubourg pour leur approche de la ville ; et, quand ils ont retraité, ledit Capitaine Pigault les a harcelés et suivis en queue à leur retraite jusqu'à Oye.

En foi de quoi, je lui ai baillé la présente attestation et garantie de bons et loyals services.

Calais, le 15 Août 1657.

Signé : DE SAINT-MARTIN.